Schwäbische Küche

G. Poggenpohl

Schwäbische Küche

EDITION XXL

Vorwort

Es gibt nicht viele Rezepte, die sich wirklich einer Landschaft oder einer Volksgruppe zuordnen lassen. Rezepte sind meistens ein Produkt dessen, wie und wo man aufgewachsen ist.
Das Einzige, was man den Schwaben wirklich zuordnen kann, sind ihre Spätzle und vielleicht auch die Maultaschen. Schon Johann Wolfgang von Goethe war von der schwäbischen Küche so begeistert, dass er in einem Gedicht Folgendes reimte: „Lasst uns nach Schwaben entfliehen!
Hilf Himmel! Es findet sich süße Speise da und alles Guten in Fülle ....“

Auch heute noch kann man überall im Schwäbischen gut und reichlich essen. Für alle, die außerhalb dieser kulinarischen Region gerne einmal die eine oder die andere Köstlichkeit genießen möchten, wurde dieses Kochbuch konzipiert. Die Rezepte sind einfach und leicht nachzukochen. Bestimmt finden Sie darin so manches leckere Gericht, das genau Ihrem Geschmack entspricht. Die Appetit anregenden Fotos werden Ihnen bei der Auswahl sicherlich helfen.

Ihr G. Poggenpohl

Inhalt

Suppen

Zutaten:

Für 4 Personen:
4 Laugenbrezeln (altbacken)
1 l Fleischbrühe
50 ml süße Sahne
1/2 Bund Schnittlauch

2 Eigelb
Muskat
Salz
Pfeffer

Zubereitung:

1. Die Laugenbrezeln in kleine Würfel schneiden und in der kalten Fleischbrühe zugedeckt ca. eine Stunde einweichen. Den Schnittlauch abbrausen, ausschütteln und in kleine Röllchen schneiden.

2. Die Laugenbrezeln mit der Fleischbrühe erhitzen und so lange köcheln, bis die Brezeln sich aufgelöst haben.

3. Die Eigelbe und die Sahne miteinander vermischen. Die Ei-Sahne-Mischung und den Schnittlauch in die Suppe einrühren, mit Muskat, Salz und Pfeffer abschmecken.

Laugenbrezelsuppe

Suppen

Zutaten:

Für 4 Personen:
800 g Rindfleisch für die Suppe
300 g Karotten
350 g Knollensellerie
500 g fest kochende Kartoffeln
1/2 Bund Petersilie
4 Zwiebeln
400 g Spätzle
(Rezept siehe Seite 24)
Salz
Pfeffer
1 EL Öl
2 EL Butter

Zubereitung:

1. Das Fleisch kalt abspülen und mit zwei Liter kaltem Wasser und etwas Salz in einen Topf geben. Das Fleisch sollte vollständig mit Wasser bedeckt sein. Aufkochen, evtl. abschäumen, die Hitze reduzieren und ca. zwei Std. köcheln.

2. Die Karotten, den Sellerie und die Zwiebeln schälen und zwei der Zwiebeln in Würfel schneiden.

3. Die Kartoffeln schälen und in Würfel schneiden. (Die Kartoffeln in kaltes Wasser legen, damit sie sich nicht verfärben.)

4. Die Petersilie abbrausen, ausschütteln und die Blätter von den Stielen zupfen.

5. Die Butter in einer Pfanne schmelzen und die gewürfelten Zwiebeln darin andünsten.

6. 15 Minuten vor Ende der Garzeit des Fleisches den Sellerie, die Kartoffeln und die Karotten dazugeben. Das Fleisch herausnehmen und in mundgerechte Würfel schneiden. Das Fleisch mit den Spätzle, den Zwiebeln und der Petersilie zurück in den Topf geben und mit Salz und Pfeffer abschmecken.

7. Die restlichen Zwiebeln in Ringe schneiden und in etwas Öl anrösten. Den Eintopf in Teller geben, die gerösteten Zwiebeln darüber streuen und servieren.

Gaisburger Marsch

Suppen

Zutaten:

Für 4 Personen:
2 EL Butter
400 g Hähnchenschnitzel
400 g Kalbfleisch
1 Zwiebel
2 Karotten
1 Bund Petersilie
100 g Sellerieknolle
2 Eier
2 Eigelb
2 Brötchen (altbacken)
Salz
Pfeffer
Muskat

Zubereitung:

1. Die Karotten putzen, schälen und in dickere Scheiben schneiden. Die Zwiebel schälen und vierteln. Die Sellerieknolle schälen und grob zerkleinern.

2. Die Petersilie abbrausen, die Blätter von den Stielen zupfen und grob hacken. Das Fleisch in kleine Stücke zerteilen. Die Eier hart kochen und abschälen.

3. Das Fleisch und das Gemüse in einem Topf mit einem Liter Wasser langsam erhitzen und ca. 40 Minuten köcheln. Anschließend das Fleisch herausnehmen. Die hart gekochten Eier zerkleinern, in die Suppe geben und mit dem Pürierstab oder im Mixer pürieren.

4. Die Suppe wieder erhitzen, die Brötchen hineinbröckeln, und so lange zusammen kochen, bis sich die Brötchen aufgelöst haben.

5. Die Suppe durch ein Sieb passieren, die Eigelbe unter die heiße Suppe rühren, das Fleisch und die Petersilie zugeben und die Suppe mit Muskat, Salz und Pfeffer abschmecken.

Königinnenſuppe

Suppen

Zutaten:

Für 4 Personen:
250 g Mehl
2 Eier
250 g Rinderleber
2 Zwiebeln
1 Bund Petersilie
1 l Fleischbrühe
Muskat
Salz
Pfeffer

Zubereitung:

1. Die Zwiebeln schälen und hacken. Die Petersilie abbrausen, ausschütteln, die Blätter von den Stielen zupfen und fein hacken. Die Leber und die Zwiebeln durch einen Fleischwolf drehen oder in einer Püriermaschine pürieren.

2. Aus dem Mehl und den Eiern mit etwas Wasser einen glatten Teig herstellen. Die pürierte Leber mit dem Teig vermischen, die Petersilie dazugeben und das Ganze mit Muskat, Salz und Pfeffer abschmecken.

3. Die Leberspätzle durch ein Sieb in kochendes Salzwasser schaben und aufkochen lassen.

4. Die Fleischbrühe erhitzen, die fertigen Leberspätzle einrühren und servieren.

Leberspätzlesuppe

17

Salate

Zutaten:

Für 4 Personen:
1 kleiner Weißkohl
250 g geräucherter Bauchspeck
2 Zwiebeln
1 EL Öl
50 ml Gemüsebrühe
70 ml Weinessig
2 EL Zucker
1 EL Kümmel
Salz, Pfeffer

Zubereitung:

1. Vom Weißkohl den Strunk und die äußeren Blätter entfernen. Den Kohl halbieren und in feine Streifen schneiden.

2. Den Bauchspeck in kleine Würfel schneiden, die Zwiebeln schälen und fein hacken.

3. Das Öl in einer Pfanne erhitzen, die Speckwürfel darin anbraten, die Zwiebeln zugeben, mit dem Zucker bestreuen und so lange rühren, bis der Zucker geschmolzen ist. Mit der Brühe und dem Essig ablöschen, mit Kümmel, Salz und Pfeffer würzen.

4. Die Salatsoße über die Weißkohlstreifen geben und ca. zwei Std. ziehen lassen.

Specksalat

Salate

Zutaten:

Für 4 Personen:
200 g Allgäuer Hartkäse
1 Zwiebel
250 g Äpfel
1 Schale Kresse
150 g Senfgurken
1 EL süßer Senf
3 EL Kräuteressig
4 EL Olivenöl
1 TL Zucker
Salz
Pfeffer

Zubereitung:

1. Aus Essig, Senf, Öl und den Gewürzen eine Salatsoße anrühren und abschmecken.

2. Die Äpfel waschen, halbieren, das Kerngehäuse entfernen, das Fruchtfleisch in feine Spalten schneiden und die Spalten sofort in die Salatsoße geben, damit die Äpfel nicht braun werden.

3. Die Senfgurken in Würfel und den Käse in Stifte schneiden. Die Zwiebel abpellen und fein hacken. Alles zu den Äpfeln in die Salatsoße geben, etwas durchziehen lassen, die Kresse darüber streuen und servieren.

Allgäuer Käsesalat

Salate

Zutaten:

Für 4 Personen:
300 g Käse
600 g Schwarzwurst
1 Zwiebel
1 Bund Schnittlauch
50 ml Olivenöl
50 ml Apfelessig
1 TL Zucker
Salz
Pfeffer

Zubereitung:

1. Den Schnittlauch abbrausen, ausschütteln und in Röllchen schneiden. Die Zwiebel schälen und in feine Würfel hacken. Den Käse in Streifen schneiden. Die Schwarzwurst längs halbieren und in Scheiben schneiden.

2. Aus dem Öl, dem Essig, dem Schnittlauch, der Zwiebel, dem Zucker, Salz und Pfeffer eine Salatsoße herstellen.

3. Den Käse und die Schwarzwurst in eine Schüssel geben, mit der Marinade übergießen und vor dem Servieren noch etwas durchziehen lassen.

Lumpensalat

Kleine Gerichte

Zutaten:

Für 4 Personen:
500 g Mehl
6 Eier
150 ml Wasser
75 g Butter

Zubereitung:

1. Das Mehl und die Eier mit 150 ml Wasser in eine Schüssel geben und mit einem Kochlöffel den Teig so lange schlagen, bis er Blasen wirft.
Den Teig ca. 10 Minuten ruhen lassen.

2. Reichlich Salzwasser zum Kochen bringen und den Teig portionsweise durch eine Spätzlepresse in das kochende Wasser drücken.

3. Kurz aufkochen lassen und mit einer Schaumkelle herausnehmen, in kaltem Wasser abschrecken. Aus dem Wasser nehmen und abtropfen lassen.

Tipp:
Vor dem Servieren in der zerlassenen Butter schwenken.

Knöpfle:

Die Knöpfle werden aus dem gleichen Teig hergestellt, nur werden sie durch ein Sieb in das kochende Wasser gestrichen.

Spätzle

Kleine Gerichte

Zutaten:

Für 4 Personen:
500 g Mehl
6 Eier
150 ml Wasser
100 g geriebener Käse
500 g Zwiebeln
3 EL Öl
75 g Butter

Zubereitung:

1. Das Mehl und die Eier mit 150 ml Wasser in eine Schüssel geben und mit einem Kochlöffel den Teig so lange schlagen, bis er Blasen wirft. Den Teig ca. 10 Minuten ruhen lassen.

2. Die Zwiebeln schälen und in Würfel schneiden. Das Öl in einem Topf erhitzen und die Zwiebelstücke darin rösten, bis sie goldbraun sind.

3. Reichlich Salzwasser zum Kochen bringen und den Teig portionsweise durch eine Spätzlepresse in das kochende Wasser drücken. Kurz aufkochen lassen und mit einer Schaumkelle herausnehmen, in kaltem Wasser abschrecken. Aus dem Wasser nehmen und abtropfen lassen.

4. Die Spätzle abwechselnd mit Butter und Käse in einen Topf geben und langsam erhitzen. Wenn der Käse geschmolzen ist, die Spätzle sofort auf Tellern verteilen, die Zwiebeln darüber streuen und servieren.

Käsſpätzle

Kleine Gerichte

Zutaten:

Für 4 Personen:
500 g Schweinefüße
500 g Schweineohren
1 Lorbeerblatt
2 Nelken
4 Pimentkörner
6 Pfefferkörner
2 EL Essig
Salz
Pfeffer
4 Scheiben kalter Braten
Karotten
Tomaten
hart gekochte Eier

Zubereitung:

1. Das Schweinefleisch mit den Gewürzen kalt aufsetzen und zum Kochen bringen, ca. 40 Minuten köcheln lassen, bis der Sud gut eingedickt ist.

2. Das Fett vom Sud abschöpfen und alles durch ein Sieb passieren. Den Sud mit Essig, Salz und Pfeffer abschmecken.

3. Den kalten Braten in Suppenteller geben, mit Karotten, Tomaten und Eiern garnieren. Den Sud darüber gießen und das Ganze im Kühlschrank erstarren lassen.

Schwäbisches Sülzle

Kleine Gerichte

Zutaten:

Für 4 Personen:
4 Brötchen (altbacken)
250 ml Milch
6 Eier
2 EL Butter
1/2 Bund Schnittlauch
Salz
Pfeffer

Zubereitung:

1. Die Brötchen in Würfel schneiden. Den Schnittlauch abbrausen, ausschütteln und in kleine Röllchen schneiden.

2. Die Eier mit der Milch verquirlen, den Schnittlauch unterziehen. Die Milchmasse über die Brötchen schütten, mit Salz und Pfeffer würzen. Eine Zeit stehen lassen, damit sich die Brötchenwürfel mit der Flüssigkeit vollsaugen.

3. In einer Pfanne die Butter schmelzen, den Eierplotz in das Fett geben und ca. drei Minuten backen. Dann ein Brettchen auf die Pfanne legen, den Eierplotz darauf stürzen und wieder in die heiße Pfanne zurückgeben. Jetzt noch einmal drei Minuten auf der anderen Seite backen.

Hohenloher Eierplotz

Hauptgerichte

Zutaten:

Für 4 Personen:
250 g Mehl
2 Eier
3 EL Wasser
300 g Hackfleisch
1 Zwiebel
2 Knoblauchzehen
100 g frischer Spinat
1 Eiweiß
500 ml Bier
1 TL Senfkörner
1 TL Pimentkörner
1 TL Pfefferkörner
1 Lorbeerblatt
1 Bund gemischte Kräuter
30 g Butter, 50 g Mehl
2 EL Bieressig
Muskat, Salz, Pfeffer

Zubereitung:

1. Das Bier in einem Topf erhitzen, die Kräuter und die Gewürze zugeben und alles ca. 10 Minuten köcheln. Den Biersud durch ein Sieb abschütten.

2. Die Butter in einem Topf schmelzen, 50 g Mehl einrühren, mit dem Biersud aufgießen, unter Rühren einmal aufkochen und mit Salz, Essig und Pfeffer abschmecken.

3. Das Mehl sieben, mit Salz, Eiern und Wasser einen Nudelteig herstellen, eine Stunde ruhen lassen.

4. Die Zwiebel und die Knoblauchzehen schälen und fein hacken. Den Spinat verlesen, waschen und in heißem Wasser blanchieren, den Spinat fein schneiden.

5. Das Hackfleisch mit den Zwiebeln, dem Knoblauch und dem Spinat vermischen und mit Muskat, Salz und Pfeffer würzen.

6. Den Nudelteig auf einer bemehlten Arbeitsfläche dünn ausrollen. Mit einem Maultaschenformer ausstechen, in die Vertiefung die Fülle geben, die Teigränder mit Eiweiß bestreichen und zusammendrücken.

7. Die Maultaschen in reichlich Salzwasser ca. 10 Minuten köcheln. Mit einer Schaumkelle herausnehmen, auf Tellern anrichten und die Maultaschen mit der Soße servieren.

Maultaschen

Hauptgerichte

Zutaten:

Für 4 Personen:
200 g Mehl
60 g Schweineschmalz
100 ml Milch
200 g saure Sahne
3 Eigelb
1 Bund Schnittlauch
Salz
Pfeffer

Zubereitung:

1. Aus dem Mehl, dem Fett, einer Prise Salz und der Milch einen Knetteig herstellen. In Alufolie gepackt ca. 30 Minuten im Kühlschrank ruhen lassen.

2. Eine gefettete Obstkuchenform mit dem Teig auslegen und dabei einen ca. 3 cm hohen Rand formen.

3. Den Schnittlauch abbrausen, ausschütteln und in 0,5 cm lange Röllchen schneiden. Die saure Sahne mit den Eigelben und dem Schnittlauch vermischen, mit Salz und Pfeffer abschmecken.

4. Die Sahnemischung auf dem Teig verteilen und den Kuchen im vorgeheizten Backofen bei 180° C ca. 30 Minuten backen.

Gesalzener Rahmkuchen

Hauptgerichte

Zutaten:

Für 4 Personen:
300 g Mehl
2 Eier
200 g durchwachsener geräucherter Speck
500 g Sauerkraut
100 ml Bier
1 Lorbeerblatt
3 Wacholderbeeren
2 Nelken
1 El Butter
1/4 l Hühnerbrühe
Salz
Pfeffer

Zubereitung:

1. Aus dem Mehl, Eiern und Salz einen Nudelteig herstellen und ca. 20 Minuten ruhen lassen. Den Speck in feine Würfel schneiden.

2. Das Sauerkraut mit den Gewürzen und dem Bier ca. 10 Minuten kochen, mit Salz und Pfeffer abschmecken und etwas abkühlen lassen.

3. Den Nudelteig in drei Rechtecke ausrollen, jeweils mit Sauerkraut und geräuchertem Speck belegen. Dann den Teig wie einen Strudel aufrollen und in ca. vier Zentimeter lange Stücke schneiden.

4. Eine Auflaufform ausfetten und die Strudelstücke mit der Schnittfläche nach unten in die Form setzen. Die Brühe zugeben und das Ganze zugedeckt im Backofen bei 180° C ca. 20 Minuten garen.

Krautkrapfen

37

Hauptgerichte

Zutaten:

Für 4 Personen:
750 g fest kochende Kartoffeln
2 Zwiebeln
40 g Schweineschmalz
1 EL Mehl
500 ml Fleischbrühe
1 TL. Kümmel
1 Lorbeerblatt
2 Gewürznelken
1 EL mittelscharfer Senf
3 EL. Essig
50 ml trockener Rotwein
1 EL Zucker
Salz
Pfeffer

Zubereitung:

1. Die Kartoffeln schälen und in mit Kümmel und Salz gewürztem Wasser gar kochen.

2. Die Zwiebeln schälen und fein würfeln. Das Schweineschmalz in einem Topf erhitzen, die Zwiebeln darin anbraten, mit Mehl abstäuben und mit der Brühe aufgießen.

3. Das Lorbeerblatt und die Nelken zugeben und die Soße ca. 10 Minuten köcheln. Das Lorbeerblatt und die Nelken entfernen, die Soße mit Senf, Essig, Rotwein, Salz, Pfeffer und Zucker abschmecken.

4. Die heißen Kartoffeln in dicke Scheiben schneiden, in eine Schüssel legen und mit der Soße übergießen.

Saure Kartoffelrädle

Hauptgerichte

Zutaten:

Für 4 Personen:
4 kleine Scheiben Rinderfilet
4 kleine Scheiben Schweinefilet
4 kleine Scheiben Putenschnitzel
Salz
Pfeffer
20 g Mehl
20 g Butter
250 ml süße Sahne
125 ml saure Sahne
4 Sardellenfilets
1 TL Paprika edelsüß
125 ml Fleischbrühe
1/2 Bund Schnittlauch
500 g Spätzle
(Rezept siehe Seite 24)

Zubereitung:

1. Den Schnittlauch abbrausen, ausschütteln und in feine Röllchen schneiden. Das Fleisch mit Salz und Pfeffer würzen und in Mehl wenden.

2. Die Butter in einer Pfanne erhitzen und die Fleischscheiben von jeder Seite ca. drei Minuten braten.
Das Fleisch aus der Pfanne nehmen und warm stellen.

3. Die Fleischbrühe in die Pfanne gießen, den Bratensatz damit loskochen und das Paprikapulver einrühren. Die Sardellenfilets zerdrücken, in die Soße geben und so lange kochen, bis sie zerfallen sind.

4. Die Sahne unter die Soße ziehen, mit Salz und Pfeffer abschmecken.

5. Die Spätzle auf einer Platte anrichten, mit den Fleischscheiben belegen, die Sahnesoße darüber gießen und mit dem Schnittlauch bestreuen.

Schwäbischer Topf

41

Hauptgerichte

Zutaten:

Für 4 Personen:
400 g Linsen
2 Schalotten
200 g geräucherter Bauchspeck
20 g Schweineschmalz
20 g Mehl
500 ml Wasser
4 Paar Saitenwürstchen
Salz
Pfeffer
500 g Spätzle

Zubereitung:

1. Die Linsen waschen, die Schalotten schälen und fein hacken.

2. Das Fett in einem Topf schmelzen, die Zwiebeln darin andünsten, mit dem Mehl abstäuben und mit dem Wasser aufgießen. Die Linsen mit dem Bauchspeck zugeben und das Ganze ca. 20 Minuten köcheln.

3. Fünf Minuten, bevor die Linsen fertig sind, die Würstchen in den Topf geben und erhitzen.

4. Die Spätzle (Rezepte siehe Seite 24) kochen.

5. Wenn die Linsen gar sind, den Bauchspeck herausnehmen, in Scheiben schneiden. Die Linsen mit Salz und Pfeffer abschmecken. Die Linsen werden zusammen mit Bauchfleisch, Würstchen und Spätzle serviert.

Linsen mit Spätzle

Hauptgerichte

Zutaten:

Für 4 Personen:
4 Kassler Koteletts
750 g Sauerkraut
2 Lorbeerblätter
3 Wachholderbeeren
3 Pimentkörner
500 ml Bier
2 EL Essig
Zucker
Salz
Pfeffer

Zubereitung:

1. Das Sauerkraut mit den Gewürzen in einen runden Bräter geben, das Bier hinzufügen und ca. 20 Minuten köcheln.

2. 10 Minuten, bevor das Sauerkraut fertig ist, die Koteletts auf das Sauerkraut legen und das Sauerkraut fertig garen, mit Zucker, Salz, Essig und Pfeffer abschmecken.

3. Die Koteletts auf dem Sauerkraut anrichten und servieren.

Kassler auf Biersauerkraut

Hauptgerichte

Zutaten:

Für 4 Personen:
1 kg Rindfleisch
500 g Markknochen
2 Tomaten, 1 Karotte
1 Stange Lauch
100 g Sellerieknolle
1 Liter Wasser
1 Lorbeerblatt
4 Pimentkörner, 1 TL Salz

Für die Soße:
30 g Butter
40 g Mehl
500 ml Milch
50 g Meerrettich
2 Eigelb
1 TL Zucker
1 Prise Zimt
Salz, Pfeffer

Zubereitung:

1. Das Gemüse putzen und grob zerkleinern. Das Gemüse mit dem Fleisch und den Markknochen in kaltem Wasser aufsetzen, das Salz zugeben, zum Kochen bringen und ca. 1 1/2 Stunden köcheln. Entstehenden Schaum mit einem Schöpfer entfernen.

2. Den Meerrettich schälen und fein reiben. Einen Teil der Milch mit den Eigelben verrühren. Die Butter in einem Topf schmelzen, das Mehl darüber streuen und hell anschwitzen. Mit der restlichen Milch aufgießen und einmal aufkochen.

3. Den Meerrettich mit der Milch-Eigelb-Mischung unter die Soße rühren, mit Zimt, Salz und Pfeffer abschmecken.

4. Das Rindfleisch aus der Suppe nehmen, die Suppe durch ein Sieb passieren, mit Salz und Pfeffer abschmecken. Das Rindfleisch in Scheiben schneiden, auf Tellern anrichten und mit etwas Fleischbrühe und der Meerrettichsoße servieren.

5. Als Beilagen eignen sich Salzkartoffeln oder Bratkartoffeln.

Siedfleisch

Hauptgerichte

Zutaten:

Für 4 Personen:
500 g Hammelfleisch
Salz, Pfeffer
4 Karotten
50 g Brotrinde
1 Zwiebel
2 EL Bratfett
200 g saure Sahne

Für die Beize:
1 l Wasser
2 Nelken
1 Lorbeerblatt
1 EL Wacholderbeeren
2 EL Tannennadeln
1 Zwiebel
1 TL Pfefferkörner
100 ml Essig

Zubereitung:

1. Die Zwiebel schälen und vierteln. Das Wasser in einen Topf geben, die Gewürze und die Zwiebel zugeben und aufkochen.

2. Den Hammelbraten von Haut und Sehnen befreien, mit Salz und Pfeffer würzen, in eine Schüssel geben und mit dem Sud übergießen. Den Hammelbraten ca. zwei Tage ruhen lassen, gelegentlich wenden.

3. Die Zwiebel schälen und grob hacken, die Karotten putzen und in dickere Scheiben schneiden.

4. Das Bratfett in einem Topf erhitzen, das Hammelfleisch von allen Seiten anbraten, die Zwiebel, die Brotrinde und die Karotten zugeben und mit einem Teil der Beize ablöschen.

5. Den Braten im Backofen bei 180° C ca. eine Stunde schmoren. Gelegentlich mit Beize übergießen.

6. Wenn der Braten gar ist, herausnehmen, warm stellen, die Soße durch ein Sieb abgießen und mit saurer Sahne, Salz und Pfeffer abschmecken. Den Hammelbraten mit der Soße und Spätzle (Rezept siehe Seite 24) servieren.

Hammelbraten „Älbler Art“

Hauptgerichte

Zutaten:

Für 4 Personen:
8 Wachteln
2 EL Zitronensaft
8 Estragonzweige
50 g Butter
2 Schalotten
1/4 l Gemüsebrühe
400 g Linsen
200 g durchwachsener, geräucherter Speck
500 ml Hühnerbrühe
200 g saure Sahne
Salz
Pfeffer

Zubereitung:

1. Die Wachteln küchenfertig machen, mit Zitronensaft einreiben, mit Salz und Pfeffer würzen. Die Estragonzweige in die Bauchhöhlen der Wachteln stecken.

2. Die Schalotten schälen und in kleine Würfel schneiden. Den Speck in Scheiben schneiden und dann würfeln. Die Linsen mit der Hühnerbrühe aufsetzen und ca. 40 Minuten kochen.

3. Wenn die Linsen kochen, die Butter in einem Bräter erhitzen, die Wachteln, den Speck und die Schalotten darin anbraten. Mit der Gemüsebrühe angießen und bei geschlossenem Deckel ca. 35 Minuten schmoren. Die Wachteln aus dem Topf nehmen und warm stellen.

4. Die verbliebene Flüssigkeit, die Schalotten und den Speck mit der Sahne unter die Linsen rühren und mit Salz und Pfeffer abschmecken. Die Wachteln auf den Linsen servieren.

Wachteln auf Sahnelinsen

Hauptgerichte

Zutaten:

Für 4 Personen:
1 kg Hasenteile
1 Karotte
2 Zwiebeln
1/4 Sellerieknolle
2 Gewürznelken
8 Pfefferkörner
8 Wacholderbeeren
1 Lorbeerblatt
2 Thymianzweige
80 ml Rotweinessig
1 l kräftiger Rotwein
Salz, Pfeffer
1 EL Mehl
20 ml Öl
100 g Soßenlebkuchen
4 cl Cognac

Zubereitung:

1. Die Hasenteile in eine Schüssel legen. Die Karotte und den Sellerie putzen, die Zwiebeln schälen und alles in grobe Stücke schneiden. Das Gemüse und die Gewürze über die Hasenteile geben, mit dem Rotwein und dem Rotweinessig übergießen und ca. 24 Stunden marinieren, gelegentlich wenden.

2. Die Hasenteile aus der Marinade nehmen, das Fleisch von den Knochen lösen und in mundgerechte Stücke schneiden. Das Hasenfleisch mit Salz und Pfeffer würzen und mit Mehl bestäuben.

3. Das Öl in einem Topf erhitzen und das Hasenfleisch mit den ausgelösten Knochen darin anbraten und mit der Hälfte der Marinadenflüssigkeit aufgießen. Den Soßenlebkuchen hinzufügen und ca. eine Stunde köcheln.

4. Die Knochen herausnehmen und den Hasenpfeffer mit Salz, Pfeffer und Cognac abschmecken.

Schwäbischer Hasenpfeffer

Hauptgerichte

Zutaten:

Für 8 Personen:
1 Saumagen
500 g Schweinekamm
500 g magerer Schweinebauch
300 g Brät
500 g Kartoffeln
2 Brötchen (altbacken)
2 große Zwiebeln
4 Karotten
4 Eier
3 EL Butterschmalz
1 Bund Petersilie
1/2 Bund Majoran
1/2 Bund Thymian
Muskat
Salz, Pfeffer

Zubereitung:

1. Den Saumagen über Nacht in leicht gesalzenes Wasser legen. Am nächsten Tag innen und außen unter fließendem Wasser gründlich abspülen.

2. Die Brötchen in kaltem Wasser einweichen. Das Schweinefleisch in kleine Würfel schneiden, die Zwiebeln schälen und hacken. Die Karotten putzen, schälen und in Scheiben schneiden.

3. Die Kräuter abbrausen, ausschütteln und grob hacken. Die Kartoffeln schälen, in Würfel schneiden und halb gar kochen.

4. Das Butterschmalz in einem Topf erhitzen, Fleisch, Zwiebeln, Karotten und Kartoffeln darin fünf Minuten anbraten. Die Masse vom Herd nehmen, etwas auskühlen lassen und mit den Eiern, dem Brät, den ausgedrückten Brötchen und den Kräutern vermischen. Mit den Gewürzen pikant abschmecken.

5. Die Masse kräftig miteinander verkneten, damit sie gut zusammenhält. Die Fülle in den Saumagen geben, den Magen nicht zu prall füllen, damit er nicht platzt. Alle Öffnungen mit Küchengarn zubinden.

6. Den Saumagen in ein Tuch einbinden und in einem großen, mit Salzwasser gefüllten Topf ca. drei Stunden sieden, aber nicht kochen. Nach dieser Zeit den Saumagen aus dem Wasser nehmen und in dem Tuch abkühlen lassen. Den abgetrockneten Saumagen in einer Pfanne mit etwas Fett rundherum braun anbraten, aufschneiden und servieren.

7. Zu diesem Gericht serviert man Biersauerkraut und ein kräftiges Vollkornbrot.

Saumagen auf Biberacher Art

Hauptgerichte

Zutaten:

Für 4 Personen:
4 Rumpsteaks à 200 g
4 Zwiebeln
3 EL Mehl
2 EL Bratfett
1 TL Speisestärke
250 ml fruchtiger Rotwein
200 ml süße Sahne
Salz
Pfeffer

Zubereitung:

1. Die Zwiebeln schälen und in dünne Scheiben schneiden. 1 EL Bratfett erhitzen und die Zwiebeln goldbraun ausbraten.

2. Die Fettränder der Rumpsteaks einschneiden und das Fleisch mit Salz und Pfeffer würzen, in Mehl wenden. Das Bratfett in einer Pfanne erhitzen und die Rumpsteaks von beiden Seiten jeweils eine Minute kräftig anbraten und dann mit reduzierter Hitze ca. drei Minuten fertig braten. Das Fleisch aus der Pfanne nehmen und warm stellen.

3. Die Speisestärke in dem Rotwein glatt rühren, in die Pfanne geben und den Bratensatz damit loskochen. Den Rotwein etwas einreduzieren lassen, die Sahne unterrühren und mit Salz und Pfeffer abschmecken.

4. Das Fleisch auf Tellern anrichten, die Bratensoße darüber geben und mit den Zwiebeln garnieren. Dazu passen Spätzle (Rezept siehe Seite 24).

Zwiebelrostbraten

Hauptgerichte

Zutaten:

Für 4 Personen:
500 g Rinderleber
2 EL Mehl
2 Zwiebeln
2 EL Öl
200 ml Rotwein
125 ml saure Sahne
1 TL Speisestärke
50 ml Essig
Salz, Pfeffer

Zubereitung:

1. Die Zwiebeln schälen und in Ringe schneiden. Die Leber von Haut und Sehnen befreien, in Streifen schneiden und mit Mehl bestäuben.

2. Das Fett in einer Pfanne erhitzen und die Leber mit den Zwiebeln braten. Wenn die Leber gar ist, aus der Pfanne nehmen und warm stellen. Mit dem Rotwein den Bratensatz loskochen.

3. Die Speisestärke mit der Sahne glatt rühren und zu der Soße geben.
Die Leber mit den Zwiebeln unterziehen und die Soße mit Essig, Salz und Pfeffer abschmecken.

Tipp:
Dazu passen Spätzle (Rezept siehe Seite 24) oder Kartoffelpüree.

Saure Leberle

Hauptgerichte

Zutaten:

Für 4 Personen:
1 kg Schweinenieren
2 Zwiebeln
1 EL Öl
30 g Butter
1 EL Tomatenmark
Mehl zum Bestäuben
100 ml Weinessig
250 ml Rinderbrühe
Salz, Pfeffer

Zubereitung:

1. Die Schweinenieren längs halbieren, die dunklen Stellen und die Sehnen entfernen. Die Nieren in ca. 1 cm breite Streifen schneiden. Die Zwiebeln schälen und fein hacken.

2. Das Öl in einer Pfanne stark erhitzen und die Nieren darin anbraten.
Die Zwiebeln mit der Butter zugeben, kurz anschwenken, das Tomatenmark einrühren, mit Mehl abstäuben und mit der Rinderbrühe und dem Essig aufgießen. Bei starker Hitze ca. zwei Minuten einkochen und mit Salz und Pfeffer abschmecken.

Tipp:
Auch dazu passen Spätzle (Rezept siehe Seite 24) oder Kartoffelpüree.

Saure Nierle

Zutaten:

Für 4 Personen:
500 g Blätterteig (TK- Produkt)
500 g Kalbfleisch
1 Bund Petersilie
2 Zwiebeln
2 EL Butter
Butter zum Bestreichen der Form
1 Ei
Muskat
Salz
Pfeffer

Zubereitung:

1. Eine Springform mit Butter ausfetten. Den Blätterteig für die Springform ausrollen und je einen Boden und Deckel aus dem Teig stechen. Dann den Teig für die Seitenteile ausrollen. Die Springform mit dem Boden und den Seitenteilen auslegen, andrücken.

2. Das Kalbfleisch in Streifen schneiden. Die Zwiebeln schälen und fein hacken. Die Petersilie abbrausen, ausschütteln und die Blätter von den Stielen zupfen.

3. Das Fleisch, die Zwiebeln und die Petersilie miteinander vermischen und mit Muskat, Salz und Pfeffer abschmecken. Das Ei in eine Schüssel aufschlagen und mit einer Gabel verquirlen.

4. Die Fülle in die Form geben, mit Butterwürfeln bestreuen, den Teigdeckel darauf legen und etwas andrücken. Den Deckel mit Ei bestreichen, mit einer Gabel den Deckel durchlöchern. In die Mitte des Deckels ein ca. 2 cm rundes Loch schneiden. Den Deckel mit übrig gebliebenem Blätterteig verzieren.

5. Im vorgeheizten Backofen bei 180° C ca. 45 Minuten backen.

Tipp:

Die Paste wird lauwarm serviert.

Reutlinger Pastete

Hauptgerichte

Zutaten:

Für 4 Personen:
1 Weißkohl
500 g Hackfleisch
2 altbackene Brötchen
2 Eier
1 Zwiebel
100 g durchwachsener Speck
200 ml saure Sahne
250 ml Kochwasser
1 EL Öl
Salz
Pfeffer

Zubereitung:

1. Die Kohlblätter ablösen und in kochendem Wasser blanchieren. Die Blätter auf einem Küchentuch auslegen.

2. Die Brötchen in Wasser einweichen. Das Kochwasser vom Kohl aufheben und später damit die Rouladen angießen.

3. Die Zwiebel schälen und fein hacken. Die Brötchen ausdrücken und mit dem Hackfleisch, den Zwiebeln und den Eiern eine Masse herstellen. Mit Salz und Pfeffer abschmecken. Den durchwachsenen Speck in feine Würfel schneiden.

4. Aus den Kohlblättern den Strunk herausschneiden, die Füllung auf die Kohlblätter verteilen und Rouladen herstellen. Die Rouladen mit einem Bindfaden verschließen.

5. Das Öl in einem großen, flachen Topf erhitzen und den Speck darin braten, die Rouladen zugeben und abbräunen. Das Wasser zugeben und die Rouladen bei geschlossenem Deckel ca. 20 Minuten schmoren lassen.

6. Die Rouladen aus dem Topf nehmen, die Sahne in die Soße einrühren und mit Salz und Pfeffer abschmecken. Die Krautwickel mit der Soße servieren.

Filder Krautwickel

Hauptgerichte

Zutaten:

Für 4 Personen:
4 Semmeln (altbacken)
300 g große Spinatblätter
6 Schalotten
250 ml Fleischbrühe
250 ml Weißwein
12 dünne Scheiben Räucherspeck
200 g süße Sahne
1 EL Semmelbrösel
Muskat
Salz
Pfeffer
1 Bund Petersilie
3 Eier
40 g Butter

Zubereitung:

1. Die Brötchen in kaltem Wasser einweichen. Den Spinat putzen, waschen und in Salzwasser kurz blanchieren.
Die blanchierten Spinatblätter auf einem Küchentuch ausbreiten.

2. Die Schalotten schälen und fein hacken, die Petersilie abbrausen, ausschütteln und die Blätter von den Stielen zupfen. Die Butter in einer Pfanne schmelzen und die Schalotten darin dünsten, dann die Petersilie zugeben, mit anbraten und auskühlen lassen.

3. Die Brötchen ausdrücken und mit den Zwiebeln, dem Ei, der Petersilie und den Semmelbröseln vermischen, mit Salz, Pfeffer und Muskat würzen.

4. Jeweils 3–4 Spinatblätter leicht überlappend zusammenlegen und einen Esslöffel der Fülle in die Mitte geben.
Die Spinatblätter wie Rouladen zusammendrehen. In eine feuerfeste Form setzen und mit Fleischbrühe und Wein übergießen.

5. Die Speckscheiben auf die Laubfrösche legen und im vorgeheizten Backofen bei 180° C ca. 15 Minuten schmoren.
Die Speckstreifen aus der Form nehmen, die Sahne darüber gießen und das Ganze nochmals fünf Minuten schmoren.

Schwäbische Laubfrösche

Hauptgerichte

Zutaten:

Für 4 Personen
300 g Spätzle (Rezept siehe Seite 24)
300 g Zucchini
200 g geriebener Käse
1 EL Butter

Zubereitung:

1. 2/3 der Zucchini längs in dünne Streifen schneiden. Die restlichen Zucchini längs halbieren und in dünne Scheiben schneiden. Eine feuerfeste Form mit der Butter ausfetten.

2. Abwechselnd Zucchinistreifen und -scheiben, Spätzle und geriebenen Käse in die Form schichten bis alle Zutaten aufgebraucht sind. Die letzte Schicht sollte Zucchini mit Käse bestreut sein.

3. Den Auflauf im vorgeheizten Backofen bei 180° C ca. 35 Minuten backen, bis der Käse goldbraun ist.

Zucchini-Spätzle-Auflauf

Hauptgerichte

Zutaten:

Für 4 Personen:
500 g Kartoffeln
100 g Mehl
2 EL Butter
200 g Fleischwurst
2 Eier
1 Zwiebel
1/2 Bund Petersilie
Muskat
Salz, Pfeffer
Für die Soße:
125 ml Fleischbrühe
125 ml Milch
2 EL Speisestärke
100 g geriebener Käse

Zubereitung:

1. Die Kartoffeln schälen und in reichlich Salzwasser gar kochen. Die Fleischwurst in feine Würfel schneiden, die Zwiebel schälen und hacken. Die Petersilie abbrausen, ausschütteln und die Blätter von den Stielen zupfen.

2. Butter in einer Pfanne erhitzen, die Zwiebeln und die Wurststücke darin anbraten, die Petersilie unterziehen.

3. Die Kartoffeln noch heiß durch eine Presse drücken, mit Mehl, Eiern und den Wurststücken verrühren. Die Kartoffelmasse mit Muskat, Salz und Pfeffer abschmecken.

4. Auf einer bemehlten Fläche aus der Kartoffelmasse fingerdicke Rollen formen. In 7 cm lange Stücke schneiden, die Spitzen abrunden und im kochenden Salzwasser ca. fünf Minuten ziehen lassen. Die Bauchstecherle mit einer Schaumkelle herausnehmen und abtropfen lassen.

5. Die Milch mit der Speisestärke verrühren. Die Fleischbrühe mit der Milch in einen Topf geben und einmal aufkochen.

6. Die Bauchstecherle in eine Auflaufform geben, die Soße darüber gießen und mit dem Käse bestreuen. Im Backofen bei 180° C 10 Minuten überbacken.

Bauchstecherle

Hauptgerichte

Zutaten:

Für 4 Personen:
250 g Mehl
175 g Butter
3 Eier
1 kg Lauch
200 g geräucherter Bauchspeck
50 ml trockener Weißwein
125 ml Crème fraîche
125 g geriebener Emmentaler
1 EL Speisestärke
Muskat
Salz , Pfeffer

Zubereitung:

1. Das Mehl mit einem Ei, 125 g Butter, 2 Prisen Salz vermischen und einen Knetteig herstellen. Den Teig in eine Folie packen und im Kühlschrank ca. 30 Minuten ruhen lassen.

2. Den Lauch putzen, längs halbieren, unter fließendem Wasser gründlich waschen und gut abtropfen lassen. Den Lauch dann quer in dünne Streifen schneiden. Die restliche Butter in einem Topf erhitzen, den Lauch anbraten, mit dem Wein ablöschen, mit Muskat, Salz und Pfeffer würzen.

3. Die Crème fraîche mit der Speisestärke und den restlichen Eiern verrühren. Den Speck würfeln.

4. Eine Springform mit dem Knetteig auslegen, dabei einen Rand hochdrücken. Den Lauch auf dem Teig verteilen, die Eiermischung zugeben und die Speckwürfel und den Käse darüber streuen. Im vorgeheizten Backofen bei 180 ° C ca. 45 Minuten backen.

Tipp:
Die Lauchtorte wird lauwarm serviert.

Schwäbische Lauchtorte

Hauptgerichte

Zutaten:

Für 4 Personene:
8 Felchenfilets
2 EL Butter
300 g Schwarzwurzeln
(aus der Dose oder aus dem Glas)
125 ml trockener Weißwein
125 ml Milch
2 EL Butter
2 EL Mehl
1 Bund Petersilie
Salz, Pfeffer

Zubereitung:

1. Die Petersilie abbrausen, ausschütteln und fein hacken.

2. 2 EL Butter schmelzen, mit dem Mehl abstäuben, verrühren und eine Mehlschwitze herstellen. Mit dem Weißwein und der Milch ablöschen, einmal aufkochen, die abgetropften Schwarzwurzeln und die Petersilie unterrühren und mit Salz und Pfeffer abschmecken.

3. Die Felchenfilets mit Salz und Pfeffer würzen und in Mehl wenden.

4. Die restliche Butter in einer Pfanne erhitzen und die Felchenfilets mit der Hautseite zuerst anbraten, wenden und fertig braten.

5. Jeweils zwei Felchenfilets auf einem Teller anrichten, die Soße darüber geben und mit Spätzle (Rezept siehe Seite 24) servieren.

Felchenfilets

Süßspeisen

Zutaten:

Für 4 Personen:
500 g Mehl
30 g Hefe
60 g Zucker
250 ml Milch
Puderzucker zum Bestreuen
50 g Butter
1 Zitrone
4 Eier
100 g Rosinen
Backfett zum Frittieren

Zubereitung:

1. Die Milch handwarm erhitzen und die Hefe und den Zucker einrühren, ca. 10 Minuten gehen lassen. Aus dem Mehl, der Milch-Hefe-Mischung, der Butter, den Rosinen und einer Prise Salz einen Hefeteig herstellen.

2. Von der Zitrone die Schale abreiben, unter den Teig kneten und diesen 30 Minuten gehen lassen. Mit einem Teelöffel Teigstücke ausstechen und in heißem Fett ausbacken.

3. Die Nonnefürzle mit einem Schaumlöffel herausnehmen und auf Küchenkrepp kurz entfetten.

4. Mit Puderzucker bestreut servieren.

Nonnenfürzle

Süßspeisen

Zutaten:

200 g Mehl
250 ml Milch
4 Eier
100 g Butter
1 TL geriebene Zitronenschale
1 Prise Salz
Butter zum Ausfetten
Semmelbrösel zum Ausstreuen

Zubereitung:

1. Die Eier mit dem Salz und der Hälfte der Milch verrühren, das Mehl darüber streuen, die Zitronenschale zugeben und alles zu einem glatten Teig verrühren.

2. Die restliche Milch erhitzen und die Butter schmelzen. Zuerst die geschmolzene Butter und dann den Rest der Milch in den Teig einrühren.

3. Kleine, feuerfeste Förmchen einfetten, mit Semmelbröseln ausstreuen und zur Hälfte mit dem Teig füllen. Die Förmchen im vorgeheizten Backofen bei 220° C ca. 30 Minuten backen.

4. Das Gebäck aus den Förmchen lösen, mit Puderzucker bestreuen und mit Kirschkompott servieren.

Pfitzauf

Süßspeisen

Zutaten:

Für 4 Personen:
100 g Mehl
125 g Butter
2 Päckchen Vanillezucker
60 g Stärkepulver
4 Eier
3 EL Zucker
1 kg Äpfel
Zitronensaft

Zubereitung:

1. Das Stärkepulver, das Backpulver und das Mehl miteinander vermischen. Die Eier trennen und die Eigelbe mit der erwärmten Butter zu dem Mehl geben und vermischen.

2. Das Eiweiß mit etwas Zucker steif schlagen und unter die Teigmasse heben. Den Teig in eine gefettete Springform füllen.

3. Die Äpfel waschen, halbieren, entkernen und in schmale Spalten schneiden. Die Spalten mit etwas Zitronensaft beträufeln, damit sie nicht braun werden.

4. Die Äpfel auf dem Rührteig verteilen, den Zucker darüber streuen. Bei 180° C ca. 30 Minuten backen.

Schwäbischer Apfelkuchen

Seit Urzeiten ist Alberich der Hüter des Nibelungenhortes, doch die Welt beginnt sich zu verändern. Siegfried, der grausame Xantener, ist auf den Plan getreten. Er hat nicht nur das Geschlecht der Nibelungen ausgerottet, er hat es auch vermocht, Alberich die magische Tarnkappe abzunehmen. Der Zwerg sinnt auf Rache. Doch dazu müßte auch er unverwundbar werden wie der Recke Siegfried.
Ein großer neuer Roman um einen Helden des weltberühmten Nibelungenliedes.

Alexander Nix ist das Pseudonym eines namhaften deutschen Autors. Mit einer Leichtigkeit, die an Tolkiens: *Der kleine Hobbit* erinnert, beschreibt er eine Episode, die nicht im Nibelungenlied steht: Wie Alberich der Zwerg den letzten Drachen sucht, um Siegfried zu besiegen.

Süßspeisen

Zutaten:

Für 4 Personen:
8 Brötchen
2 Äpfel
50 g Zucker
50 g Rosinen
Butter zum Bestreichen
50 g Mandeln
2 Eier
250 ml Milch
1 Prise Zimt

Zubereitung:

1. Die Brötchen in 1 cm dicke Scheiben schneiden. Die Äpfel waschen, halbieren, entkernen und in Spalten schneiden. Die Milch mit den Eiern und dem Zimt verquirlen.

2. Eine Auflaufform mit Butter ausfetten und je eine Lage Brötchenscheiben, Mandeln, Rosinen und Apfelspalten legen, bis alles verbraucht ist. Brötchenscheiben sollten die letzte Schicht bilden.

3. Den Backofen auf 180° C vorheizen. Die Milch-Eier-Mischung gleichmäßig über die Brötchen gießen und das Ganze im Backofen ca. 35 Minuten backen.

Ofenschlupfer

Register

Genehmigte Lizenzausgabe
EDITION XXL GmbH
Reichelsheim 2003

Fotos: Food in Wort und Bild, Sigmarszell
Küche: Corinna Brunner
Food-Assistentin: Caterina Marx
Layout und Satz: Marcel Just
Illustrationen: Herbert Pohlner

ISBN 3-89736-140-X